PROJET DE CONTRÔLE

POUR

LES PERCEPTIONS

DES

CONTRIBUTIONS INDIRECTES ET DES OCTROIS,

A L'AIDE D'UN BULLETIN
ATTACHÉ AUX EXPÉDITIONS DES DIVERS REGISTRES,

Par Mr Edouard LAFFOLAY,

Ancien Employé de l'Administration des Contributions indirectes ,
Inspecteur de l'Octroi de Lyon ,
auteur du NOUVEAU MANUEL DES OCTROIS et du FORMULAIRE POUR LA RÉDACTION
DES PROCÈS-VERBAUX.

LYON.

IMPRIMERIE DE LOUIS PERRIN, RUE D'AMBOISE, 6.

—

1855.

F

✻

PROJET DE CONTRÔLE.

✻

Le Projet de Contrôle n'a été livré à l'impression que pour être offert à l'Administration supérieure.

Chaque exemplaire portera la signature de l'Auteur.

PROJET DE CONTRÔLE

POUR

LES PERCEPTIONS

DES

CONTRIBUTIONS INDIRECTES ET DES OCTROIS,

A L'AIDE D'UN BULLETIN
ATTACHÉ AUX EXPÉDITIONS DES DIVERS REGISTRES,

Par Mr Edouard LAFFOLAY,

Ancien Employé de l'Administration des Contributions indirectes,
Inspecteur de l'Octroi de Lyon,
auteur du NOUVEAU MANUEL DES OCTROIS et du FORMULAIRE POUR LA RÉDACTION
DES PROCÈS-VERBAUX.

LYON.

IMPRIMERIE DE LOUIS PERRIN, RUE D'AMBOISE, 6.

1855.

C.

OBSERVATIONS PRÉLIMINAIRES.

De toutes les taxes établies, soit au profit de l'Etat, soit au profit des Communes, les droits de circulation, de consommation et d'entrée sur les boissons, et les droits d'octroi, sont certainement ceux qui excitent le plus la convoitise des agents du fisc, quand ils ont des tendances à l'infidélité, et qui se prêtent le plus aux combinaisons de la fraude matérielle pratiquée par les particuliers.

Nous laisserons à la surveillance ordinaire, à la vigilance des agents des contributions indirectes et des octrois, le soin de combattre la fraude matérielle; nous ne parlerons ici que de ces détournements de deniers qui peuvent se commettre et se commettent, en effet, à l'aide d'un système d'écritures qui n'est peut-être pas complet.

En matière de droit de circulation ou de consommation, ce sont des buralistes, généralement peu rétribués, la plupart du temps isolés, sans surveillance journalière, qui délivrent les congés et les acquits-à-caution qui doivent accompagner les boissons. Si ces buralistes sont attachés à leurs devoirs et remplissent leur mission avec probité, s'ils sont, en un mot, d'honnêtes gens, la Régie trouve en eux toute sécurité et n'a pas à redouter de soustractions de deniers publics; mais s'ils sont de ces hommes à conscience flexible que les besoins tourmentent, à qui le bénéfice illicite sourit, les perceptions sont compromises, parce que de la tendance au fait il n'y a qu'un pas, et qu'une fois arrivés sur la pente des malversations, ils trouvent, dans leurs premiers succès, des encouragements et marchent dans cette voie d'une manière progressive, effet ordinaire des tentatives qui ont réussi.

Ce que nous venons de dire des buralistes, nous le dirons des receveurs d'entrée et des percepteurs d'octroi, particulièrement de ceux placés dans les petites localités où les moyens de surveillance sont rarement suffisants et où, par conséquent, la prévarication a plus de facilité.

Dans l'état actuel des choses, les droits de circulation et de consommation ne sont donc pas à l'abri de détournements, pas plus que les droits d'entrée et d'octroi. Les uns et les autres ont toujours éveillé la sollicitude de l'Administration générale qui s'est constamment préoccupée de leur conservation, en créant des points de contrôle et de vérification qui, dans plusieurs circonstances, ont contribué à leur préservation ; mais comme, en semblable matière, on ne saurait trop multiplier ces sortes de contrôles, et comme d'ailleurs l'expérience a démontré que, malgré toutes les précautions prises, des soustractions importantes ont été commises par des agents infidèles, on espère qu'à l'aide du contrôle proposé dans les pages suivantes l'on obtiendra pour résultat de rendre impossible, à l'avenir, toute espèce de malversation.

PROJET DE CONTRÔLE.

PREMIÈRE PARTIE.

—

CONTRIBUTIONS INDIRECTES.

—

CHAPITRE PREMIER.

Droits de circulation et de consommation.

Nous allons dire un mot sur chacun de ces droits.

La loi impose à l'expéditeur l'obligation de déclarer, au bureau de la Régie, la quantité de boisson qu'il se propose de faire transporter sur un autre point, à la destination d'un simple consommateur, et de se munir d'un congé, avec paiement immédiat du droit, à moins qu'il ne préfère faire payer ce droit à l'arrivée de la boisson, cas qui nécessite la délivrance d'un acquit-à-caution avec cautionnement. C'est là que se termine son devoir comme sa responsabilité, et il n'a pas à s'immiscer dans ce que fait le buraliste, une fois qu'il a son expédition conforme à sa déclaration.

Le buraliste est honnête, ou ne l'est pas. S'il l'est, la souche de son registre sera en harmonie avec l'expédition qui en a été détachée, et partant, le droit entrera intégralement dans les caisses de l'Etat. S'il ne l'est pas, cette souche pourra faire mention d'une quantité inférieure à celle portée sur l'ampliation, et la différence en moins profitera à l'agent infidèle. La souche laissée en blanc pourra, d'un autre côté, servir à un usage bien autrement désastreux par le moyen qu'elle procurera de substituer à l'expédition, qui en a été détachée, un enregistrement fictif n'ayant aucun rapport avec cette expédition et indiquant une autre destination.

La Régie a bien prévu la possibilité de ces manœuvres en créant des bulletins de circulation et un système de communication entre les départements expéditeurs et les départements destinataires; mais ce système, déjà incomplet dans le principe, s'est entièrement usé dans la pratique et n'a plus que l'apparence d'un contrôle utile. Il est même, assure-t-on, abandonné dans beaucoup de localités, et peu observé dans les autres.

Mais supposons-le en pleine activité, ponctuellement exécuté, et voyons-en les résultats.

Dans les localités sujettes aux entrées ou à l'octroi, les bulletins de circulation sont rapprochés des registres n° 10, annotés et renvoyés aux départements expéditeurs. Là, les annotations sont confrontées avec les souches des registres buralistes, et les bulletins non annotés, quand les expéditions ne figurent pas à l'entrée, ne reçoivent pas d'autres soins.

Dans les campagnes, ce sont les receveurs à cheval qui demandent aux destinataires connus les renseignements exigés pour annoter les bulletins, et l'on sait que ces renseignements sont rarement exacts.

Nous avons parlé plus haut de la substitution à la souche d'un enregistrement fictif couvrant une expédition précédemment délivrée. La souche portera, par exemple, *un hectolitre de vin* à la destination d'un lieu non sujet aux entrées ou à l'octroi, tandis que l'expédition, primitivement détachée, mentionnera *dix* hectolitres à la destination de Lyon et portera le nom du véritable expéditeur et du véritable destinataire.

Quel rôle jouera en pareil cas le bulletin de circulation ? Evidemment aucun, parce que le bulletin sera envoyé sur un point supposé et que le véritable point d'arrivée n'aura pu être consulté.

Le buraliste qui use de ce moyen pour frustrer le Trésor d'une partie de ses droits s'expose sans doute, en laissant en blanc sur ses registres une souche dont l'ampliation manque, parce qu'un employé supérieur peut survenir et remarquer l'irrégularité ; mais, outre que ces apparitions inopinées sont fort rares dans les campagnes où les buralistes connaissent assez généralement l'ordre des tournées des employés à cheval, ils peuvent opérer autrement et arriver au même but sans laisser des souches en blanc. Il leur suffit, en effet, de remplir la souche par un enregistrement fictif, d'en détacher immédiatement l'ampliation pour en faire un usage abusif dans un moment opportun. Assurément le bulletin de circulation qui sera l'expression de la souche, ne viendra pas contrôler une opération non signalée.

Il existe, à la vérité, un autre bulletin de circulation spécialement affecté aux boissons rencontrées en cours de transport ; mais ces bulletins, quand ils sont expédiés, se trouvent en si petit nombre comparativement aux chargements en circulation, que l'on ne peut rien fonder sur eux.

La plupart des chargements échappent d'ailleurs à la surveillance ordinaire sur les routes, parce que les employés à cheval n'y passent qu'accidentellement pour se rendre dans les diverses communes formant leur tournée. Ce n'est donc que, lorsque les boissons traversent des lieux sujets, que des bulletins de circulation 6 C pourraient être préparés ; mais dans ces localités ce sont généralement les octrois qui opèrent, et ils ne sont pas chargés de la confection de ces bulletins.

En nous résumant sur les malversations qui peuvent être commises par les receveurs-buralistes, nous citerons à l'appui de notre raisonnement deux exemples qui feront connaître d'une manière certaine les combinaisons à l'aide desquelles les soustractions peuvent être opérées.

1er EXEMPLE. — On expédie de **** 20 hectolitres de vin à la destination d'un lieu non sujet. Le receveur-buraliste peut inscrire à la souche 2 *hectolitres*, porter néanmoins sur le congé 20 *hectolitres*, et soustraire de cette manière 18 *hectolitres*.

2me EXEMPLE. — On expédie de **** 20 *hectolitres* de vin à la destination d'un lieu sujet aux droits d'entrée et d'octroi. Le receveur-buraliste peut encore ne porter à la souche que 2 *hectolitres*, mentionner au libellé du congé 20 *hectolitres*, et frustrer le Trésor de 18 *hectolitres* ; mais, comme dans ce cas le bulletin n° 6 A adressé au lieu de destination pourrait être rapproché du registre n° 10, et pourrait plus tard faire découvrir la différence en moins portée à la souche du registre n° 1, le prévaricateur aura la précaution d'inscrire à la souche une destination mensongère, par exemple *un lieu non sujet*, et rendra impuissant, de cette manière, le bulletin n° 6 A, ce bulletin étant envoyé sur un point où la boisson n'est pas parvenue.

Disons que la perception du droit de circulation n'est pas suffisamment contrôlée et affirmons, au besoin, que les abus sont non-seulement possibles, mais existent.

Nous pensons donc que, sans compliquer davantage les écritures des buralistes, sans occasionner une augmentation de frais de personnel ou d'impressions, un simple changement dans le mode de transmission des bulletins et dans les communications de département expéditeur à département destinataire, suffira pour déjouer des manœuvres coupables, *au moins en ce qui concerne les boissons expédiées à la destination de lieux sujets aux entrées.*

Nous proposons de restreindre l'usage des bulletins de circulation actuels aux boissons déclarées à la destination de lieux non sujets aux entrées ou à l'octroi, de renoncer à la transmission de ceux relatifs aux lieux sujets, mais de remplacer ces derniers par des bulletins tenant aux congés et les accompagnant. Ces bulletins, qui porteront nécessairement les mêmes quantités que les congés, seront détachés et recueillis aux bureaux d'entrée au moment même de l'introduction des chargements. Ils passeront des mains du percepteur des droits d'entrée dans celles des préposés surveillants qui, après en avoir reconnu la conformité avec les congés et les quittances d'entrée, les déposeront dans une boîte à guichet dont la clé sera toujours entre les mains du chef de service, préposé en chef, contrôleur de ville, ou tout autre agent chargé de diriger le service d'entrée ou d'octroi.

Nous allons donner ici le modèle du bulletin qui devra être joint aux congés soit des registres nos 1er, 4 et 4 *bis*, soit au registre des passavants, 3 A et 3 B, soit enfin à toutes expéditions servant à régulariser le mouvement des boissons.

```
┌─────────────────────────────────────────────┐
│ BULLETIN DE CONTROLE DU CONGÉ Nº             │
│        ─────────                             │
│                                              │
│ Département d                                │
│ Arrondissement d                            │
│ Bureau d                                     │
│                                              │
│   Il a été délivré le                        │
│                  18   , un congé sous        │
│ le Nº           pour                         │
│                 contenant                    │
│                     litres de                │
│ expédiés de                                  │
│ par M.                                       │
│ à M.                                         │
│ profession de                                │
│ demeurant à                                  │
│ commune d                                    │
│ arrondissement d                             │
│ département d                    pour        │
│ être transportés dans le délai de            │
│             par le Sʳ                        │
│ voiturier par                                │
│                                              │
│ Le Recevʳ buraliste , │Vn en cours de transpt│
│                       │et reconnu            │
│                       │    litres de         │
│                       │  A         le        │
│ Vu,vérifié et rapproché│         18           │
│ du registre Nº 1ᵉʳ par l                     │
│              Nº   du regᶜ nº 10.             │
└─────────────────────────────────────────────┘
```

Le registre des congés sera divisé en trois cadres. Le premier comprendra la souche. Le deuxième, subdivisé en deux parties, se composera du congé accompagnant le chargement et de la quittance du paiement des droits destinée à l'expéditeur, et devant rester au lieu d'enlèvement. Le troisième remplacera le bulletin de circulation nº 6 A, toutes les fois que les boissons seront déclarées à la destination d'*un lieu sujet aux entrées ou à l'octroi*, et pourra être aussi utilisé lorsqu'en cours de transport ces boissons recevront une autre destination.

Le changement de destination, déclaré en cours de transport, réclamerait, en effet, dans ce cas, le retrait du bulletin de circulation au moment même de la délivrance de la nouvelle expédition, parce que, sans ce retrait, le congé primitif ne serait pas signalé au département expéditeur, où, par conséquent, la souche du registre ne pourrait être l'objet d'aucune investigation.

Les buralistes auraient donc à recueillir ces sortes de bulletins, à les annoter et à les remettre à leurs chefs immédiats pour être transmis au lieu d'enlèvement et rapprochés des souches.

On voit, par ce qui précède, que la contexture des nouveaux registres de congés et passavants n'exigerait d'autre changement que celui résultant de l'addition d'un bulletin de circulation restant annexé aux congés ou passavants et devant les accompagner, comme nous l'avons déjà dit, *toutes les fois que la destination serait un lieu sujet.*

On pourrait objecter que les buralistes ne connaissent pas les lieux sujets, que les expéditeurs les ignorent eux-mêmes la plupart du temps, et que, à défaut de renseignements positifs à ce sujet, la transmission des bulletins de circulation serait souvent entravée, et la confusion dans la tenue des registres à redouter.

Mais un moyen simple, facile et peu coûteux pourrait atténuer ces appréhensions, et donner à l'ensemble des opérations une marche régulière à l'abri de toute suspicion.

Rien n'empêcherait de fournir à chaque buraliste un tableau, sous la forme d'un petit *in·*12, de tous les lieux sujets aux entrées ou à l'octroi. Ce tableau, dressé par lettre alphabétique, et indiquant en regard de chaque lieu l'arrondissement et le département, remédierait à l'inconvénient qui pourrait inspirer des craintes.

D'un autre côté, et pour prévenir la confusion dans la confection des bulletins de circulation, deux registres, l'un en papier blanc, l'autre en papier jaune, pourraient être affectés à la délivrance des congés. Le premier servirait *aux destinations à lieux sujets;* le second, *aux destinations à lieux non sujets.* De cette manière on différencierait les lieux de destination, et l'on entourerait le contrôle que nous proposons de toutes les précautions propres à prévenir les irrégularités.

Assurément il ne saurait nous venir dans la pensée de faire ici la critique de ce qui existe; car nous reconnaissons qu'en créant les bulletins de circulation, l'Administration était préoccupée des détournements possibles, comme nous le sommes nous-même des détournements réels; aussi ne changeons-nous rien à ces bulletins, si ce n'est le mode de transmission qui, dans l'état actuel des choses, laisse à désirer dans la pratique, et rend impossible la découverte de certaines combinaisons protectrices de la prévarication.

Nous en citerons quelques-unes dans le cours de ces observations.

Nous attachons donc une grande importance à l'adoption du changement proposé dans la transmission des bulletins de circulation relatifs aux lieux sujets, non-seulement parce que nous y voyons le moyen de contrôler plus efficacement la perception du droit de circulation, mais aussi parce que le même contrôle préviendra, à l'entrée dans les localités sujettes, les infidélités qui compromettent à la fois les intérêts de l'Etat et ceux des communes. Nous en parlerons au chapitre des Octrois.

Relativement aux congés délivrés à la destination de lieux non sujets, le modèle n° 6 A (bulletin de circulation) pourrait être supprimé. Il serait remplacé par le bulletin proposé, qui resterait entre les mains du receveur-buraliste, après avoir été rempli par lui. Les contrôleurs de ville, les receveurs ambulants, ou autres chefs de service, feraient l'appel de ces sortes de bulletins aux époques de leurs tournées et les recueilleraient pour être transmis aux lieux de destination selon la marche actuelle.

C'est principalement sur les chargements ayant pour destination des lieux non sujets que l'attention des surveillants devrait être appelée d'une manière spéciale et que l'usage du modèle n° 6 C (bulletin de boissons rencontrées en cours de transport) devrait être plus fréquent; car, comme nous l'avons déjà dit, et comme l'expérience le démontre, il n'y a rien de sérieux à fonder sur les renseignements que l'on va recueillir chez les destinataires quand ils sont connus, parce que rien ne les oblige à dire la vérité, et que la plupart nient dans la crainte de se compromettre ou d'avoir quelque fâcheux démêlé avec les agents du fisc.

Ce que nous avons dit concernant le droit de circulation sur les vins, cidres, etc., etc., nous le disons pour le droit de consommation sur les spiritueux (registre n° 4 bis). Ce sont effectivement les mêmes mesures de surveillance et de vérification, et en traitant la question relative au premier de ces droits, celui de circulation (registre n° 1er, Congés), nous avons traité en même temps celle qui se rapporte au droit de consommation.

CHAPITRE II.

Droits d'entrée. — Registre N° 10.

Les droits d'entrée et d'octroi sur les boissons ne sont pas moins exposés aux diverses soustractions commises par des agents infidèles, et le sont peut-être plus que le droit de circulation, parce qu'ils sont généralement plus élevés, et présentent par cela seul un appât plus séduisant. La perception de ces droits a donc également besoin de quelque moyen de contrôle propre à la soustraire à la prévarication. Ce moyen, nous croyons l'avoir trouvé dans le congé même, qui doit, d'après notre système, accompagner le chargement.

En effet, si à l'arrivée de la boisson à la barrière d'entrée nous faisons recueillir et déposer dans une boîte, à ce destinée, les bulletins de circulation détachés des congés; si ces bulletins restent sous clé et à la disposition seulement du chef de service chargé de la vérification du registre; si, enfin, ils sont rapprochés des souches à chaque époque d'arrêté ou de vérification extraordinaire et annotés sous la responsabilité du certificateur, n'empêcherons-nous pas les comptables, qui auraient des tendances à l'infidélité, d'inscrire à la souche des quantités inférieures à celles portées aux congés, tout en délivrant les quittances pour les quantités réelles, afin de tromper les préposés de service et afin aussi de se mettre en règle envers l'introducteur, qui ne voudrait pas d'un titre qui ne porterait pas toute la somme qu'il aurait payée? Ne préviendrons-nous pas la prévarication résultant de ces articles laissés en blanc à la souche pour remplacer des introductions déjà effectuées et dont il ne reste aucune trace? N'en serait-il pas de même de ces enregistrements fictifs faits à la souche pour de petites quantités, et remplaçant des quantités plus considérables portées sur les quittances détachées des souches remplies d'avance et indiquant des congés supposés, des destinataires inconnus?

Nous allons résumer par des exemples les trois genres de prévarication que nous venons de signaler.

1er EXEMPLE. — Un congé est présenté à l'entrée accompagnant 10 *hectolitres de vin*. Le receveur peut inscrire à la souche 2 *hectolitres*, délivrer la quittance pour 10 *hectolitres*, et soustraire ainsi 8 *hectolitres*.

2e EXEMPLE. — Un congé mentionnant 20 *hectolitres de vin* est présenté à l'entrée. Le receveur délivre seulement la quittance, et n'inscrit rien à la souche. Il attend un second chargement. Cette fois il enregistre le congé qui accompagne (nous supposons 2 *hectolitres* 10 *litres de vin*), et se sert d'une quittance qu'il a en réserve, et qu'il peut du reste se procurer de deux manières : la première en conservant celles qui sont refusées par des introducteurs, ou bien en faisant de faux enregistrements sur le registre no 10 pour de petites quantités attribuées à des congés fictifs. La quittance des 2 *hectolitres* 10 *litres* portera sans doute *le même numéro* que celle du Congé des 20 *hectolitres*. Mais cela n'inquiétera nullement le prévaricateur, attendu qu'il ne restera aucune trace de cette dernière expédition.

2

3ᵉ EXEMPLE. — Un receveur infidèle peut enfin inscrire d'avance à la souche — nous supposons 1 *hectolitre*
05 *litres de vin* avec le nom d'un destinataire inconnu
et le numéro d'un congé supposé, attendre l'arrivée
d'un chargement considérable, délivrer une quittance
conforme à ce chargement, et soustraire à son profit la
totalité des droits sur la quantité introduite, moins les
1 *hectolitre* 05 *litres* déjà portés à la souche.

Ces trois genres de prévarication peuvent sans doute
rencontrer quelques difficultés dans leur exécution;
mais celui qui les commet prépare ses moyens de réus-
site, et il est rare qu'il n'obtienne pas un succès complet.

Le bulletin de circulation nᵒ 6 A, qui, sous le régime
actuel, n'arrive que longtemps après les opérations
faites à la barrière d'entrée, peut-il aider à découvrir ces
sortes de vols ? Nous ne le croyons pas. Il pourra bien
être rapproché sans doute de la souche, mais on n'y trou-
vera rien, s'il y a eu prévarication, parce que tout aura été
tronqué par le concussionnaire, qui aura le plus grand
intérêt à faire disparaître les traces qui pourraient le
compromettre. On se bornera, dans ce cas, à annoter
que la boisson n'est point arrivée. L'investigation pro-
voquée par le bulletin 6 A se terminera donc là, et le
percepteur infidèle ne s'inquiétera pas autrement de
sa mauvaise action.

Mais suivons l'effet du bulletin de circulation accompagnant le congé.

Ce bulletin exprimant la même quantité que le congé
même, est retiré et déposé dans une boîte fermant à
clé, après l'enregistrement des droits sur le registre
nᵒ 10. Ultérieurement, il est rapproché de la souche par
le chef de service, qui mentionne au bas le nᵒ de la
quittance d'entrée.

Que peut faire le percepteur dans cette hypothèse ? Absolument rien, si ce n'est de surcharger, de falsifier ses écritures, après l'appel des bulletins. Mais ce moyen lui échappera même, si le chef de service a le soin de ne procéder au rapprochement qu'après l'arrêté des recettes.

Pour garantir au Trésor et aux communes les droits d'entrée et d'octroi sur les boissons, nous proposons, dès-lors, de faire au registre n° 10 le changement que nous avons indiqué aux registres des congés et passavants, c'est-à-dire d'y ajouter non pas un bulletin de circulation, mais un bulletin d'enregistrement délivré en même temps que la quittance d'entrée et devant être recueilli et signé par les préposés surveillants chargés de le déposer dans la boîte à ce destinée pour y rester à la disposition du chef de service et être ultérieurement rapproché de la souche.

Nous sommes persuadés qu'à l'aide de cette modification simple et facile, les percepteurs aux entrées ne pourront pas se livrer à des actes coupables, attendu que, s'il arrivait que quelques-uns d'entre eux voulussent tenter, malgré ce contrôle, quelque soustraction de deniers, les investigations dont ils seraient l'objet feraient bientôt découvrir leurs malversations.

Le bulletin du registre n° 10 pourrait donc être conçu de la manière ci-après :

Registre N° 10. — Bulletin de la quittance N° Barrière d	M a payé la somme de pour Vu, vérifié et rapproché de la souche, par le chef de service.	demeurant à *Signature des employés surveillants.*

Dans quelques octrois de premier ordre et à l'instar de ce qui se pratique depuis longtemps à Lyon, les administrations locales ont établi des contrôles en adoptant la tenue de doubles registres, dont l'un est entre les mains d'un vérificateur *ad hoc* et l'autre dans celles du receveur.

Dans ces grandes localités, toutefois en très petit nombre, la mission du vérificateur est de constater seulement les quantités soumises aux droits d'entrée et d'octroi. Les opérations de cet agent sont consignées sur un registre à souche dont l'ampliation est remise au contribuable et passe de ses mains dans celles du receveur chargé de percevoir le droit dû. Après l'enregistrement et l'expédition de la quittance, la même ampliation est rendue à l'introducteur obligé de la remettre aux préposés surveillants. Ceux-ci la signent, après en avoir reconnu la conformité avec le chargement, et la déposent dans une boîte à guichet fermant à clé. Il y a autant de boîtes que de bureaux d'entrée, et chaque matin toutes les boîtes parviennent au chef de service chargé de l'administration, soit le préposé en chef. Là elles sont ouvertes, et toutes les ampliations délivrées par les vérificateurs sont recueillies, classées par bureau et par ordre de numéro, pour être rapprochées des relevés journaliers fournis par les receveurs.

Ce mode de contrôle des opérations des comptables aide sans doute à prévenir les détournements de deniers, mais il est très coûteux, et si, dans les principaux octrois, les produits considérables permettent de le suivre sans charger outre mesure la quotité des frais de perception, son application aux octrois de moindre importance produirait l'effet contraire par l'augmentation des frais excessifs, eu égard aux recettes.

Dans le système que nous avons l'honneur de soumettre à l'examen de l'Administration, nous évitons ces augmentations de frais, parce que nous n'augmentons le travail des percepteurs que d'une manière imperceptible dans la pratique, et que cet insignifiant surcroît d'occupations, qui a essentiellement pour but d'initier davantage les simples surveillants dans leurs opérations, n'occasionnera aucune dépense nouvelle.

Du reste, sans chercher à faire prévaloir nos combinaisons de contrôle, nous dirons cependant que, dans la pratique, elles offriront toutes les garanties fondées sur le mode déjà en usage dans quelques localités, et que, si elles recevaient bon accueil de la Régie, il est présumable que ces mêmes localités y auraient recours pour simplifier leurs écritures *en partie double*, et diminuer conséquemment leurs frais de perception.

Tout ce que nous avons dit jusqu'à présent a trait aux recettes directes que les buralistes et les receveurs aux entrées opèrent au moment même de la délivrance des expéditions et sur lesquelles ils peuvent exercer des soustractions à l'insu, soit des expéditeurs, soit des destinataires; mais s'il importe de se prémunir contre les dilapidations des droits au comptant, il n'importe pas moins de se précautionner contre ces manœuvres concertées entre les suborneurs et les subornés.

Nous allons en dire un mot en parlant des registres nº 11 (passe-debout), nº 15 (sorties), nº 2 (acquits-à-caution).

CHAPITRE III.

Registre 11. — (Passe-debout.)

Le registre n° 11 est destiné à constater les introductions de boissons devant traverser seulement les lieux sujets pour se rendre à la destination indiquée par les expéditions qui doivent les accompagner, et le passe-debout a pour objet de garantir, par une consignation ou une caution, les droits d'entrée et d'octroi. Ces droits sont portés en recette définitive toutes les fois qu'il n'est pas justifié de la sortie du rayon des boissons introduites sous cette forme. En théorie ce mode semble garantir à l'Etat et aux communes ou le droit ou la sortie des boissons; mais dans la pratique il n'en est pas toujours de même, parce que les introductions frauduleuses viennent y jouer leur rôle.

Supposons un chargement de 12 *hectolitres* de vin arrivant à une barrière d'entrée et déclaré en passe-debout. Supposons aussi le receveur d'accord avec l'introducteur. On délivrera un passe-debout pour les 12 *hectolitres* portés sur le congé représenté. Les employés surveillants reconnaîtront la parfaite identité et laisseront pénétrer le chargement dans l'intérieur du lieu sujet, alors que le receveur n'aura porté à la souche de son registre que 2 *hectolitres* de vin. Le droit consigné ou cautionné répondra bien de ces *deux hectolitres*, mais les *dix autres* échapperont à la taxe, parce qu'ils resteront dans le lieu sujet, et que le congé et le passe-debout seront anéantis et ne paraîtront à aucune barrière de sortie. Le bulletin de circulation 6 A, actuellement en usage, pourra-t-il faire découvrir cette fraude? Evidemment non, parce que, envoyé à la destination indiquée par le congé, il ne pourra parvenir sur le point où le vol aura eu lieu.

Ce que nous avons dit au droit de circulation et au registre n° 10 en parlant des souches laissées en blanc, des enregistrements fictifs, des congés et destinations supposés, trouve encore ici sa place et rend également applicable au passe-debout le remède déjà indiqué pour protéger plus efficacement la perception de ces divers droits.

Nous proposons donc de faire subir au registre n° 11 (passe-debout) la même modification qu'aux registres 1er, 4 A, 4 B (congés) et 3 A (passavants), et 10, c'est-à-dire, d'y ajouter un bulletin de passe-debout pour être retiré par les préposés surveillants et déposé dans la boîte à guichet, fermant à clé, au moment même de l'introduction du chargement.

C'est ici le cas de dire que si l'Administration générale faisait déposer dans chaque bureau d'octroi un registre 6 C, et si elle exigeait des receveurs que lorsque ceux-ci auraient à délivrer un passe-debout du registre 11, ils délivrassent en même temps un bulletin du registre 6 C qui serait expédié immédiatement au lieu d'enlèvement, elle contrôlerait de cette manière les chargements à destination de lieux sujets et de *lieux non sujets*, et obligerait ainsi les receveurs-buralistes à ne rien changer aux souches des divers registres de perception.

Nous nous réservons de traiter cette question à la fin du chapitre concernant le registre 15.

Modèle du bulletin à ajouter au bas du passe-debout du registre 11.

Registre N° 11. — Bulletin du passe-debout N° Barrière d	Vu entrer la quantité de présentée par M *Signature du receveur.*	demeurant à *Signature des employés surveillants.*

CHAPITRE IV.

Registre N° 15.

SORTIE DES LIEUX SUJETS.

Les sorties des lieux sujets sont de deux natures : celles qui sont déclarées par les marchands en gros et propriétaires récoltants à la décharge de leur compte d'entrepôt, et celles qui ont lieu à la suite d'introductions sous la forme de passe-debout.

Parlons d'abord des entrepositaires, et voyons si ce qui se pratique aujourd'hui est suffisant et répond à toutes les éventualités.

On sait qu'en matière de taxes les suborneurs ne sont pas rares ; que les agents du fisc qui se laissent séduire

par l'appât d'un bénéfice ne manquent pas non plus ;
nous en avons malheureusement de nombreux exemples. Eh bien ! qu'un entrepositaire ait sous la main un
ou plusieurs de ces agents disposés à seconder des vues
coupables, les combinaisons de la fraude pulluleront.

Dans l'état actuel des choses, MM. les employés des
contributions indirectes sont dans l'usage de relever et
d'inscrire sur leur portatif les quantités déclarées pour
l'extérieur et portées sur les registres tenus par les receveurs-buralistes, et d'inscrire aussi en regard des expéditions les numéros des certificats de sortie puisés sur
les feuilles F (relevés des sorties) que les bureaux d'octroi leur fournissent, et c'est à l'aide de ces divers do-
cuments que les comptes des entrepositaires ou marchands en gros sont déchargés.

Mais si le suborneur veut user de la bonne volonté
de l'agent qu'il aura séduit, qui l'empêchera de prendre
par exemple un congé de 107 *litres de vin*, de présenter
cette quantité à la sortie, d'en recueillir même le certificat ? Qui l'empêchera de livrer à l'intérieur 10 *hectoli-*
tres sans quittance d'entrée, si le receveur du point de
sortie consent à placer devant les mots *cent sept* le mot
onze pour former *onze cent sept*, et si, pour mettre cette
quantité en harmonie avec les registres-buralistes, le
corrupteur a eu le soin de se faire délivrer un congé de
10 *hectolitres* à la destination de l'extérieur ? Assurément, dans ce cas, l'État perdra son droit d'entrée et
la commune son droit d'octroi sur les 10 *hectolitres*
restés dans l'intérieur, parce que la souche du registre
n° 15 et son ampliation porteront 11 *hectolitres* 7 *li-*
tres de vin et feront mention de deux congés, dont l'un,
celui des 10 *hectolitres*, aura été anéanti.

Nous citons cette manœuvre, non-seulement parce

qu'elle est possible, facile même, mais aussi parce qu'elle a été pratiquée et qu'il est à craindre qu'elle ne le soit encore.

Du reste, la fraude, toujours si ingénieuse, a recours à plusieurs autres combinaisons non moins désastreuses pour se procurer des certificats de sorties non effectuées.

Des boissons introduites avec passe-debout et accompagnées de plusieurs congés, *trois*, par exemple, portant, le premier 105 *litres de vin*, le deuxième 3 *hectolitres*, le troisième 7 *hectolitres,* en tout 11 *hectolitres* 5 *litres*, sont déclarées en transit à leur arrivée dans le lieu sujet. Pour tromper la Régie, dans ce cas, le dépositaire présentera à la sortie le premier congé avec les 1 *hectolitre* 5 *litres*, qui sortiront effectivement et pour lesquels la souche et son ampliation porteront bien 105 *litres*. Les deux autres congés seront remis au receveur, qui, d'accord avec le fraudeur, en fera mention sur la souche de son registre et rectifiera en même temps le certificat de sortie en plaçant devant les mots *cent cinq*, le mot *onze*. Dans ce cas encore 10 *hectolitres* échapperont également aux taxes, sans que les surveillants puissent s'en douter, parce que le passe-debout ne sortira pas des mains du receveur infidèle, et que la souche du registre ainsi que le certificat de sortie ne seront falsifiés qu'après que ces deux litres auront été signés par les surveillants.

Ne remédierons-nous pas à ces falsifications d'écritures, si difficiles à constater, par un simple bulletin de contrôle au n° 15? Nous n'hésitons pas à répondre *oui*, parce que, délivré en même temps que l'ampliation de ce registre retiré par les préposés surveillants et déposé dans la boîte fermant à clé, immédiatement après les opérations à la sortie, ce bulletin, d'ailleurs, ne pouvant plus passer dans les mains du receveur et devant être rapproché de la souche par le chef de service, présentera un obstacle infranchissable, ou fera découvrir promptement les concussions, si elles ont lieu, nonobstant ce point de contrôle.

Nous proposons, dès-lors, son adoption, et nous donnons ci-dessous le modèle de ce bulletin qui devra être placé au bas du certificat de sortie du registre 15 :

Registre N° 15. — Bulletin du certificat de sortie N° Barrière d	Vu sortir la quantité de présentée par M. demeurant à et accompagnée du passe-debout 11 , N° du bureau d *Signature du receveur.* *Signature des employés* *surveillants.*

En récapitulant tout ce qui précède, nous osons espérer que l'on reconnaîtra avec nous que, à l'aide d'un simple bulletin accompagnant les chargements et faisant partie des expéditions délivrées par les buralistes de l'Administration des contributions indirectes, les droits de circulation et de consommation, sur les boissons expédiées à la destination de *lieux sujets*, se prêteront un secours mutuel avec les droits d'entrée et d'octroi en se contrôlant les uns par les autres. C'est là toute l'économie de notre projet.

Le rôle attribué à ce bulletin, qui remplacerait le bulletin volant n° 6 A, est facile à comprendre. Il arriverait à l'une des barrières d'entrée du lieu sujet en même temps que le congé ou toute autre expédition, si l'on entendait généraliser le mode proposé. Là, il serait détaché de l'expédition, après l'enregistrement des droits, recueilli par les surveillants et déposé dans une boîte pour être rapproché ultérieurement, d'abord de la souche des registres de l'octroi, et en dernier lieu transmis au chef de service du département expéditeur pour être également rapproché de la souche des registres-buralistes des lieux d'enlèvement.

Le buraliste qui aurait des velléités à la soustraction d'une portion de ses recettes, et qui voudrait, pour arriver à ses fins, recourir à ces combinaisons criminelles dont nous avons parlé dans le cours de cet écrit, ne reculerait-il pas devant ce bulletin qui viendrait promptement témoigner de ses méfaits ? N'en serait-il pas de même du percepteur déjà habitué à ces sortes de détournements de deniers ? Nous avons la conviction que l'un ne se laisserait pas glisser sur la pente du déshonneur, et que l'autre la remonterait rapidement pour rester désormais dans ses devoirs.

Cette heureuse transformation ne se manifesterait pas moins aux barrières d'entrée dans les lieux sujets, et, dans notre opinion, les taxes payées au comptant, soit au départ, soit à l'arrivée des boissons, rentreraient intégralement, les unes dans les caisses de l'Etat, les autres dans celles des communes.

En envisageant maintenant les choses sous le point de vue des droits consignés ou cautionnés seulement au passage des boissons dans les lieux sujets, on reconnaîtra avec nous que le petit bulletin annexé aux expéditions remplira encore l'office d'un puissant gardien des intérêts publics, en signalant d'avance les dangers de la prévarication et en rappelant à tout moment, par un *qui vive* muet, le but de son institution.

Signalement en cours de transport de chargements de boissons accompagnés de congés ou d'acquits-à-caution.

Maintenant qu'il est matériellement démontré par tout ce qui précède, nous l'espérons du moins, qu'à l'aide d'un bulletin joint à tous les registres de perception, ainsi qu'aux registres 11 et 15, nous assurons les recettes d'une manière infaillible et préservons les boissons qui traversent les lieux sujets de toute atteinte, soit à l'entrée des villes, soit à la sortie, nous devons nous occuper de celles accompagnées de congés qui ont pour destination des *lieux non sujets,* et nous occuper aussi de ces grands chargements d'esprit qui sillonnent constamment l'intérieur de l'Empire accompagnés d'acquits-à-caution.

On n'ignore pas que la fraude sur les spiritueux est très considérable, parce que le droit de consommation est lui-même très considérable. Elle est pratiquée à l'aide d'acquits-à-caution portant souvent 50, 60, jusqu'à 100 hectolitres, alors que les souches n'indiquent que des quantités insignifiantes ; et c'est par ce moyen que les environs des grandes villes sont dotés d'entrepôts clandestins qui entretiennent les infiltrations partielles dans les lieux sujets. Nous allons nous expliquer.

Un receveur-buraliste est de connivence avec un expéditeur, bouilleur, distillateur, etc., etc., etc., dont les magasins sont situés dans un lieu non sujet. Celui-ci veut conduire dans un endroit quelconque 100 hectolitres d'esprit. Il se munit, à cet effet, d'un acquit-à-cau-

tion qui mentionne cette quantité. Le chargement circule librement jusqu'au lieu où se trouve un entrepôt
frauduleux, aux alentours ordinairement d'une grande
ville. Les liquides sont d'abord introduits dans cet entrepôt et plus tard ils pénètrent dans la ville, soit par
escalade, soit par infiltrations à l'aide de vessies, ou par
tout autre moyen à l'usage des fraudeurs. Une fois que
le fait de l'introduction dans l'entrepôt clandestin est
accompli, les choses marchent on ne peut mieux à l'a-
vantage de l'expéditeur. L'acquit-à-caution est déchiré,
et comme le receveur-buraliste n'a porté à la souche
qu'une très minime quantité, par exemple 6 *hectolitres*
30 litres d'esprit, et comme d'ailleurs les relevés n° 7
adressés à la Direction ne mentionnent aussi que 6 *hectolitres* 30 *litres*, il s'en suit de cette manœuvre criminelle que l'expéditeur ne paie le double droit que sur
6 *hectolitres* 30 *litres d'esprit* et frustre de cette manière le droit de consommation sur une quantité de 88
hectolitres, dépouillant ainsi le Trésor d'une somme
énorme, sans qu'il soit possible à la surveillance la
mieux exercée d'atteindre les coupables, les moyens
employés par eux pour commettre cette prévarication
pouvant échapper à tout contrôle.

Toutefois, nous pensons que le bulletin 6 C nous
fournira les moyens de paralyser toute prévarication
sur ce point. Déjà il rend des services incontestables
entre les mains de MM. les employés de la Régie qui si-
gnalent, à l'aide de ce bulletin, les chargements ren-
contrés par eux en circulation. Mais ses résultats
seraient encore plus fructueux, si, concurremment
avec eux, les receveurs d'octroi venaient aussi à
leur tour faire usage de ce contrôle, en envoyant un

de ces bulletins au lieu d'enlèvement pour tous les chargements déclarés en passe-debout.

De cette manière il n'y aurait que les boissons expédiées de commune à commune, en un mot, celles qui dans le trajet ne passeraient pas par un lieu sujet, qui échapperaient au contrôle du 6 C; mais on sait que la consommation importante n'a lieu que dans les grandes agglomérations de population, c'est-à-dire dans les villes sujettes aux droits d'entrée et d'octroi, et que conséquemment la perception, pour ce qui concerne les droits de circulation ou de consommation dans le premier cas, est presque insignifiante comparativement au second.

Nous proposons dès-lors à l'Administration supérieure de placer dans chaque bureau d'octroi un registre à souche 6 C, afin que, lorsque les octrois auront à délivrer un passe-debout du registre 11, ils délivrent en même temps un bulletin de ce registre pour signaler le chargement dont dépend le bureau d'expédition; et pour que les chefs de service puissent se convaincre que les receveurs d'octroi n'ont pas omis cette formalité, nous insistons pour que le registre 6 C soit un registre à souche. De cette manière les convois de liquides qui circuleront, comme nous venons de le dire, à l'aide d'un congé ou d'un acquit-à-caution, seront contrôlés d'une manière certaine, et les souches des divers registres seront l'objet d'une investigation qui ne laissera exister aucun doute sur leur sincérité (1).

Néanmoins il est bon de faire remarquer que les chargements qui nous occupent pourront traverser plusieurs villes sujettes aux droits d'entrée et d'octroi, et que,

---

(1) Les receveurs de navigation devraient être aussi munis d'un registre à souche 6 *C* pour signaler les chargements qui empruntent la voie d'eau. De cette manière la mesure proposée serait complète.

dans ce cas, il serait peut-être superflu de faire expédier ces sortes de bulletins par tous les receveurs d'octroi. Nous croyons, pour notre compte, que ce ne serait pas là un bien grave inconvénient; mais, du reste, il serait facile d'éviter ce double emploi en prescrivant aux receveurs, qui les premiers auraient vérifié les boissons et délivré le passe-debout n° 11, d'annoter au dos de l'expédition l'envoi du bulletin *au lieu d'enlèvement*.

Le *verso* du congé et celui de l'acquit-à-caution pourraient donc porter cette annotation :

Vu et envoyé le bulletin n° 6 C au lieu d'enlèvement.
Au bureau d   le   185

Le buraliste qui verrait au *verso* du congé et à celui de l'acquit-à-caution cette inscription, et qui aurait quelque désir de tronquer les souches, ne serait-il pas retenu par la crainte que bientôt le bulletin 6 C viendrait faire découvrir sa prévarication ? Evidemment cette crainte s'emparerait de son esprit et il renoncerait, dèslors, à toute manœuvre coupable.

Les résultats qu'on obtiendrait par la mesure conservatrice que nous proposons, mesure qui du reste ne présenterait aucune espèce de difficulté dans son exécution, seraient immenses, attendu qu'elle mettrait un obstacle infranchissable à une fraude qui a été souvent pratiquée et qui vraisemblablement l'est encore.

Pour empêcher les infiltrations d'esprit dans les villes sujettes aux droits d'entrée et d'octroi, il faut d'abord empêcher les dépôts favorisés par des expéditions fausses et remonter à l'origine, c'est-à-dire rendre impossibles ces sortes de transports frauduleux, ou, du moins, créer des moyens pour les découvrir promptement.

Ces moyens, nous le disons de nouveau, consistent

essentiellement dans le signalement plus certain et plus prompt des expéditions délivrées, et nous pensons que le concours des octrois ne serait pas inutile à la répression de graves abus qui compromettent les intérêts de l'Etat aussi bien que ceux des communes. Seulement, nous désirerions que les *bulletins* 6 *C* fussent adressés directement au département du lieu d'enlèvement par le chef de service de l'octroi, sans passer par aucun intermédiaire, la célérité, dans ce cas, pouvant produire les meilleurs résultats. Ces bulletins, d'ailleurs, qui, dans l'état actuel des choses, ne sont envoyés que très rarement, seraient expédiés, d'après notre proposition, d'une manière plus régulière, et obligeraient, nous le répétons, les receveurs-buralistes à ne pas falsifier les souches, puisqu'ils sauraient que le chargement, en traversant un lieu sujet, aurait pour conséquence l'envoi d'un *bulletin* 6 *C* qui viendrait contrôler la souche des registres tenus par eux; tandis que, dans l'état actuel des choses, ils peuvent même esquiver ce contrôle pour *les chargements en fraude*, si l'expéditeur, leur complice, recommande au voiturier, chargé d'effectuer le transport, de le prévenir *immédiatement* si les employés des contributions indirectes vérifient pendant le trajet le chargement, afin de faire rétablir les quantités à la souche.

En adoptant le nouveau mode que nous proposons, il est certain que ce service recevrait un développement qu'il est loin d'avoir aujourd'hui, et qui contribuerait certainement au signalement d'un plus grand nombre de titres accompagnant des chargements à la destination de lieux non sujets. Et en étendant aussi notre système sur toutes les branches de produits, la Régie améliorerait un contrôle important sans aucuns frais, et trouverait dans l'ensemble des moyens que nous indiquons plus de sécurité pour ses droits, tout en aidant les communes à prévenir les désastres dans les revenus de leurs octrois.

La Régie et les Administrations communales se prêteraient dès-lors mutuellement leur concours : l'une, en agrandissant le format des registres fournis par elle des divers bulletins qui forment toute la base de notre projet de contrôle; les autres en expédiant les *bulletins* 6 *C*, et contribuant par là à assurer l'intégralité des droits de circulation et de consommation.

CHAPITRE V.

ACQUITS-A-CAUTION.

Nous croyons avoir suffisamment développé dans le cours du présent exposé le rôle que nous attribuons au bulletin de contrôle accompagnant l'expédition sortie des recettes-buralistes de la Régie des contributions indirectes, pour ce qui concerne les droits au comptant. Maintenant nous venons proposer que la même mesure de contrôle soit aussi appliquée à l'acquit-à-caution, et nous serons même plus exclusif en faveur de cette dernière expédition, attendu que nous avons dit au chapitre relatif aux droits de circulation et de consommation de ne laisser le bulletin attaché au congé que lorsque la boisson transportée a pour destination *un lieu sujet,* tandis que nous demandons actuellement que le bulletin soit toujours joint à l'acquit-à-caution.

Voici les motifs qui nous font agir ainsi. L'élévation

du droit exigible en cas de non-rapport de l'acquit-à-caution dûment déchargé au lieu d'arrivée de la boisso n qu'il accompagnait, ne remédie nullement au mal que nous avons signalé dans le precédent chapitre; car, ainsi que nous l'avons expliqué, pour frustrer les droits de circulation et de consommation sur des quantités importantes, il suffit de trouver un receveur-buraliste qui se décide à porter à la souche *1 hectolitre* et sur l'ampliation *100 hectolitres*. Dans ce cas, l'agent infidèle ne laisserait-il pas à l'expéditeur ou au destinataire la perspective de soustraire aux divers droits des sommes énormes, tout en payant plusieurs fois le droit sur *1 hectolitre ?*

Les bulletins du *registre* 6 *C* déjoueront les combinaisons de cette dernière fraude; mais, si on maintenait le mode actuel, quant à l'acquit-à-caution, il y aurait lieu à faire observer qu'appliquée seulement aux congés, la mesure du bulletin de contrôle serait incomplète, puisque les boissons accompagnées d'acquits-à-caution à la destination de simples consommateurs et de débitants de boissons demeurant dans des lieux sujets aux droits d'entrée et d'octroi, et inscrites au *registre n° 10,* ne seraient pas contrôlées.

Nous avons demandé que toutes les recettes qui seront portées sur le *registre n° 10* soient contrôlées par un bulletin, et, ce principe n'admettant pas d'exception, nous désirons que les acquits-à-caution accompagnant des boissons destinées à payer les taxes à l'entrée soient revêtus du bulletin de contrôle, comme celles arrivant par congé, pour que dans l'un comme dans l'autre cas ce bulletin, jeté à la boîte, vienne contrôler les perceptions effectuées sur le *registre n° 10;* car, s'il en était autrement, on laisserait une porte ouverte à la préva-

pourraient faire découvrir les falsifications des comptes, si les chiffres formant les charges et les décharges ont été tronqués.

Assurément notre intention n'est pas de critiquer ce qui existe, mais nous avons voulu citer des faits, et démontrer que les précautions indiquées par la théorie dégénèrent souvent dans la pratique, et ne répondent pas toujours à toutes les nécessités.

Nous devons dire qu'à mesure que l'étude de la fraude s'est développée et propagée, les moyens de la prévenir n'ont peut-être pas suivi la même progression.

Dans l'origine, et à une époque où les idées de fraude ne germaient pas encore, les marchands en gros étaient tenus d'appeler les employés de la Régie pour reconnaître les boissons qu'ils recevaient, jauger et marquer les futailles. Ils devaient aussi requérir la présence des commis à chacune de leurs ventes, à l'effet de démarquer les futailles. Ils étaient encore astreints à bien d'autres formalités, toutes établies, bien entendu, dans le but de conserver au Trésor et aux communes l'intégralité de l'impôt; mais nous devons dire aussi qu'elles entravaient outre mesure les opérations du commerce en gros, et que les causes qui ont fait disparaître dans la pratique toutes ces formalités s'opposeraient probablement aujourd'hui à en faire revivre les dispositions. — Il faut donc, sous le régime actuel, recourir à des moyens propres à prévenir la fraude à l'aide de falsifications d'écritures, et combiner ces moyens de manière à en faciliter l'emploi sans ajouter sensiblement aux occupations ordinaires.

Voici le mode que nous avons l'honneur de soumettre à l'Administration supérieure :

1° Dépôt au principal établissement de la Régie, dans

chaque arrondissement, de tous les titres constitutifs des charges et des décharges, tels que bulletins d'acquits-à-caution venant de l'extérieur, bulletins de congés ou d'acquits-à-caution concernant les boissons vendues dans l'intérieur des villes sujettes aux droits d'entrée et d'octroi, certificats de sortie du registre 15 ;

2º Retrait et dépôt au même établissement des portatifs immédiatement après l'appel des reprises et leur report sur les portatifs suivants ;

3º Vérification approfondie des portatifs par l'appel et le rapprochement à la Direction de tous les titres justificatifs des charges et des décharges recueillis dans le cours de la période close.

D'après ce qui précède, on pourrait croire que dans l'application ce mode de contrôle donnerait aux vérificateurs un grand surcroît de travail. — Ce serait là une erreur qui ne pourra pas être commise lorsqu'on aura lu les observations qui suivent. En effet, les bulletins joints aux acquits-à-caution à la destination de marchands en gros établis dans l'intérieur d'une ville sujette aux droits d'entrée et d'octroi, seront recueillis par les receveurs des barrières d'entrée, qui mentionneront au bas le numéro du passe-debout délivré, et seront adressés à la Direction par le chef de service de l'octroi. — Ces bulletins seront remis, ensuite, au contrôleur de ville ou à tout autre chef de service des contributions indirectes, qui, au moment de l'appel, les rapprochera des portatifs et inscrira au bas le numéro de la prise en charge au compte des marchands. — Ces bulletins, en-liassés par nom de chaque marchand en gros, seront déposés à la Direction avec les acquits-à-caution du mois et seront conservés, pour servir à effectuer des contre-vérifications. — Les bulletins des acquits-à-caution et

quantités prises en charge ; que le même fait se produit en sens inverse aux sorties, c'est-à-dire que les expéditions indiquent des quantités supérieures à celles enlevées, surtout dans les cas d'exportation. On verbalise sans doute aux barrières de sortie lorsque des différences importantes en moins sont constatées, mais les différences minimes échappent à la jauge, et les marchands se procurent ainsi des excédants qu'ils livrent ensuite en fraude à la consommation locale.

Personne ne doute, non plus, que les mixtions et coupages, disons aussi les additions d'eau, les lies utilisées, ne soient pas des manœuvres propres à augmenter les quantités introduites et à alimenter la fraude.

On sait, d'ailleurs, que la déduction accordée pour ouillage et coulage excède, dans la plupart des cas, les besoins réels, et vient encore ajouter aux quantités pouvant être livrées en fraude de toutes les taxes.

Ce sont ces quantités, souvent très considérables chez certains assujettis, qui nous préoccupent, et nous voudrions trouver le moyen de les soumettre également aux droits.

Les entrepositaires qui disposent ainsi de leurs excédants sont en grand nombre, et voici comment ils opèrent généralement :

1° Ils font avec la même expédition de doubles ou triples transports dans l'intérieur du lieu sujet;

2° Ils font avec une expédition à la destination de l'extérieur, et pour laquelle il est accordé un délai de plusieurs jours ou de plusieurs heures, de doubles transports dans l'intérieur, la loi et les instructions ne limitant pas le délai dans lequel l'expéditeur doit faire sortir la boisson du rayon du lieu sujet;

3° Ils font même usage, dans quelques cas, d'expéditions venant de l'extérieur, et dont les chargements sont déclarés en passe-debout à l'entrée.

Une surveillance active paralyse sans doute toutes ces fraudes, et de nombreux actes de répression démontrent suffisamment qu'elles ne restent pas toujours impunies; mais on comprendra facilement qu'avec l'assistance de l'un ou de l'autre de ces procédés, les fraudeurs puissent se dispenser de recourir aux transports sans expédition, et il est donc matériellement prouvé que les marchands en gros de boissons pratiquent la fraude sur une très grande échelle en faisant plusieurs transports avec le même titre, ainsi que nous l'avons déjà fait remarquer.

Le moyen simple que nous proposons pour combattre leurs manœuvres frauduleuses consisterait à leur délivrer une estampille en même temps que l'expédition. Il faudrait dès-lors deux choses au marchand en gros pour effectuer un transport de boissons dans l'intérieur du lieu sujet : l'estampille d'abord et le congé ou l'acquit-à-caution ensuite. La formalité de l'estampille ne pourrait sans doute lui être imposée qu'en vertu d'un article additionnel à la loi, mais ce moyen de contrôle serait accordé avec d'autant plus de facilité qu'il ne froisserait personne dans son exécution, puisqu'il ne s'agirait purement et simplement que d'adopter une précaution de plus pour mettre à l'abri de toute atteinte les intérêts du Trésor et ceux des communes. Nous persistons donc à croire que, si l'Administration générale obtenait une nouvelle disposition législative conçue à peu près dans les termes qui suivent, peut-être parviendrait-elle à arrêter la fraude alimentée par les entrepôts particuliers :

« Dans les villes sujettes aux droits d'entrée et d'oc-
« troi, les marchands en gros de boissons devront se
« munir, comme par le passé, lorsqu'ils auront à ex-
« pédier des boissons de leurs magasins de gros à la
« destination d'autres marchands en gros ou de caba-
« retiers et de simples consommateurs demeurant dans
« l'intérieur du lieu sujet, d'un acquit-à-caution ou d'un
« congé; mais l'Administration des douanes et des con-
« tributions indirectes leur délivrera en même temps
« un papier-estampille que les marchands en gros de-
« vront coller en tête et sur le fond de l'un des fûts qui
« composeront le chargement.

« Cette estampille indiquera, en outre de la nature
« de l'expédition délivrée, le numéro du titre.

« Les expéditions à la destination de l'extérieur du
« lieu sujet mentionneront le délai dans lequel le trans-
« port devra être effectué, et mentionneront en outre
« celui qui sera accordé pour sortir du rayon.

« Il y aura contravention toutes les fois que, pendant
« le transport, l'estampille ne sera pas adhérente au fût
« ou à l'un des fûts, et il y aura aussi contravention
« toutes les fois que le chargement de boissons sera pré-
« senté à la barrière de sortie après que le délai sera
« expiré. »

La mise à exécution de cette nouvelle mesure ne présenterait aucune espèce de difficulté. Le receveur-buraliste n'aurait à inscrire sur l'estampille que le numéro
de l'expédition, et à remettre cette pièce au marchand
en gros.

L'estampille serait formée d'un papier gommé, comme
les timbres-postes, à la seule différence que ce papier
devrait être lissé et sans colle, afin que si on voulait

l'enlever en l'humectant pour le placer sur un autre
tonneau, il fût réduit à l'état de dissolution.

Nous croyons fortement que le mode que nous proposons pourrait présenter des obstacles sérieux au genre
de fraude que nous venons d'expliquer. Les marchands
en gros de boissons de mauvaise foi trouveraient, en effet,
dans l'application de cette mesure, des empêchements
à leurs manœuvres coupables et ne pourraient effectuer
que des transports sans expédition, tandis que, dans l'état
actuel des choses, ils se trouvent quelquefois à couvert
par un titre qui a déjà reçu son exécution.

La condition imposée aux marchands en gros de sortir
du rayon dans le délai accordé obtiendrait une nouvelle
force, si les chargements exportés étaient munis aussi
d'une estampille. On comprendra facilement que plus
cette formalité recevrait de l'extension, plus les droits
se trouveraient garantis. On pourrait peut-être aussi dif-
férencier la couleur du papier-estampille accompagnant
les congés ou les acquits-à-caution : de cette manière,
les employés chargés de surveiller la circulation des
chargements dans l'intérieur des lieux sujets, verraient
aussitôt si les boissons sont destinées à des marchands
en gros et cabaretiers, ou à de simples consommateurs,
et pourraient mieux exercer leur surveillance.

Dans les recettes-buralistes importantes, principalement celles qui sont situées dans les grandes villes, les
receveurs ne peuvent pas fixer toujours eux-mêmes les
délais accordés pour effectuer les transports; ce soin est
abandonné à de jeunes commis qui se montrent ordinairement très faciles pour accorder plus de temps qu'il
n'en faut réellement pour rendre la boisson à sa destination. Ils peuvent aussi se tromper dans leurs appré-

ciations, et, dans ce cas, les marchands en gros enclins à la fraude savent profiter de la latitude qui leur est accordée. Nous avons l'espoir que l'estampille que nous indiquons pourra remédier aux graves inconvénients que nous venons de signaler.

Nous donnons ci-dessous la forme de cette estampille.

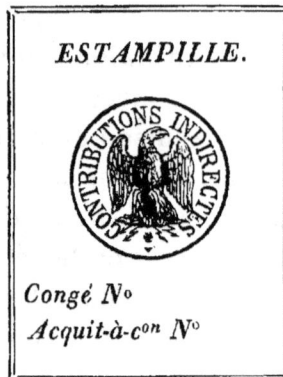

ESTAMPILLE.

CONTRIBUTIONS INDIRECTES

Congé N°
Acquit-à-c°ⁿ N°

SECONDE PARTIE.

—

OCTROIS.

—

CHAPITRE PREMIER.

Registre A. — (*Première partie.*)

Le droit d'octroi sur les boissons se trouvant essentiellement lié au droit d'entrée, on a vu, par ce qui précède, que le contrôle proposé assure aux communes
l'intégralité de ce droit. Mais ce n'est là qu'une partie de
leurs revenus, et ce contrôle serait incomplet s'il n'em-
brassait pas tous les autres chapitres de perception. Nous
proposons donc de l'étendre aux recettes effectuées sur
le registre A, toutes les perceptions en matière d'octroi,
autres que celles sur les boissons, étant inscrites sur ce
registre.

On opérera, dès-lors, pour le registre A comme pour
le registre n° 10 : c'est-à-dire qu'un bulletin comprenant
les quantités introduites ainsi que le droit perçu, sera
détaché de la quittance et sera jeté dans la boîte placée
dans le bureau. Le chef de service de l'octroi, qui seul
aura la clé de cette boîte, mais dont une sera aussi à la
disposition de Messieurs les employés des contributions

indirectes qui voudront se livrer à des vérifications, rapprochera ces bulletins de la souche du registre A, article par article, vérifiera si le tarif a été bien appliqué, signera les bulletins, les enliassera par numéro d'ordre et les placera dans un carton, afin que si l'on veut avoir recours à ces titres pendant le cours de l'exercice, on puisse les avoir sous la main.

Nous pensons que les vérifications du chef de service ne devront pas être uniformes; elles devront avoir lieu quelquefois avant, mais le plus souvent après l'arrêté. On comprendra facilement le but de cette recommandation : c'est que si les rapprochements et les vérifications avaient toujours lieu *avant l'arrêté*, le comptable, qui voudrait détourner des sommes à son profit, pourrait changer les quantités portées à la souche du registre A, et diminuer d'autant le chiffre de l'arrêté. Mais, en raisonnant dans l'hypothèse que ce mode de contrôle sera accepté par l'Administration centrale, nous croyons pouvoir assurer que cette crainte ne se réalisera certainement jamais, attendu que celui qui commettrait cette action criminelle serait constamment tourmenté par l'idée qu'à chaque instant, le bulletin accusateur viendrait faire découvrir sa prévarication.

Modèle du bulletin du registre A.

Registre A. — Bulletin de la quittance N° — Barrière de	M a payé la somme de pour Vu, vérifié et rapproché de la souche, par	demeurant à *Signature des employés surveillants.*

CHAPITRE II.

Registres B et E.

L'expérience a malheureusement démontré que, parmi toutes les prévarications qui ont donné lieu à des condamnations ou à des poursuites de la part de la Justice, les vols pratiqués sur les objets introduits en passe-debout, et les fausses sorties, occupent le premier rang dans ce genre de crime.

Ce point est facile à expliquer : c'est que, en matière de régie, il existe toujours un titre primitif, soit le congé, soit l'acquit-à-caution, ou le passavant, et que l'un de ces trois titres doit constamment accompagner la boisson qui circule. N'est-ce pas là évidemment une pièce compromettante, qui peut dans certains cas retenir les prévaricateurs? Mais, en matière d'octroi, on n'a que la déclaration de l'introducteur ; et lorsque celui-ci a gagné, par dons ou promesses, un receveur infidèle, les intérêts de la commune se trouvent gravement compromis.

En créant un contrôle sur les registres B et E à l'aide d'un bulletin qui sera mis à la boîte immédiatement après l'introduction des objets en passe-debout et immédiatement après leur sortie du rayon, bulletin qui sera signé du receveur et du préposé surveillant qui aura reconnu lesdits objets, toute falsification d'écritures deviendra désormais impossible ; mais, pour donner plus d'importance au registre E, nous pensons qu'il faudrait l'assimiler au registre 15 et le faire timbrer. Cette mesure exercerait une grande influence morale sur l'esprit de ceux qui auraient encore l'intention de s'écarter de la ligne de leur devoir, malgré les obstacles que le contrôle dont il s'agit leur présenterait.

Il ne faut jamais exagérer le mal, mais il faut le faire connaître lorsqu'il s'agit d'y porter remède et de faire cesser des abus qui peuvent exister dans quelques localités, nonobstant toutes les surveillances et toutes les vérifications pratiquées par l'autorité supérieure.

Nous avons dit plus haut que les malversations s'attaquaient de préférence aux objets introduits en passe-debout : c'est qu'effectivement le receveur infidèle trouve dans ce mode d'introduction un moyen presque infaillible de succès.

La souche du registre B étant à sa disposition, il peut ne porter au libellé qu'une quantité très inférieure, et délivrer néanmoins le passe-debout pour la quantité réelle. Donnons pour exemple un passe-debout de 50 moutons, et pour lequel le receveur n'aura inscrit à la souche que 10 *moutons*. Dans ce cas l'introducteur bénéficiera du droit d'octroi sur 40 *moutons*, puisque celui consigné ne portera que sur 10 *moutons* et que le titre délivré aura été déchiré par lui.

Disons encore que des passe-debout sont délivrés par le receveur d'une barrière pour des objets importants, par exemple pour 10 bœufs, et que l'introducteur, au lieu de sortir du rayon par la barrière désignée sur le passe-debout, sort par celle par laquelle il est entré. De cette manière le même receveur fait les écritures sur le registre B et sur le registre E, et, s'il veut tromper, il combine son opération de manière à faire une fausse sortie.

Il nous semble qu'il n'est pas convenable que des bestiaux, ou tous autres objets portés au tarif et destinés à traverser une ville, entrent et sortent du lieu sujet par la même barrière, et nous pensons que des sorties semblables, seraient-elles même réelles, ne devraient pas être admises comme valables, et que les receveurs qui les auraient constatées devraient être forcés en recette pour les sommes inscrites aux libellés des passe-debout.

En opérant pour les vérifications et rapprochements des bulletins des registres B et E, comme cela a été indiqué pour ce qui concerne les registres 11 et 15, on obtiendra, nous le croyons du moins, un contrôle positif pour tous les objets introduits en passe-debout, en matière d'octroi, et les administrations communales auront la certitude que leurs intérêts auront été mis à l'abri de toute atteinte.

Nous présentons, ci-après, les modèles des bulletins de contrôle des registres B et E.

Modèle du bulletin du registre B.

Régistre B. — Bulletin du passe-debout N° — Barrière d	Vu entrer la quantité de présentée par M demeurant
	Signature du receveur.	*Signature des employés surveillants.*

Modèle du bulletin du registre E.

Registre E.	Vu sortir la quantité de
—	présentée par M demeurant à
Bulletin du passe-debout	accompagnée du passedebout B.
N°	
—	N° du bureau d
Barrière	*Signature du receveur.* *Signature des employés*
d	*surveillants.*

En proposant à l'Administration centrale de faire subir aux registres A (droits au comptant), B (passe-debout), E (sorties), des modifications à peu près semblables à celles des registres n° 10 (droits d'entrée et d'octroi), 11 (passe-debout) et 15 (sorties), nous avons voulu préserver les communes des soustractions si souvent constatées, et nous nous sommes appliqué, par-dessus tout, à chercher le moyen d'atteindre ce but sans leur imposer des charges nouvelles. La Régie jugera si ce problème a été effectivement résolu.

Conclusion et sommaire des résultats qu'on obtiendra par la mise à exécution du contrôle proposé.

1° Toutes les recettes au comptant se trouveront contrôlées par des bulletins détachés des divers registres de perception; celles surtout inscrites sur le registre n° 10, et celles-ci sont les plus importantes, seront garanties au Trésor et aux communes, d'une manière radicale, par les bulletins des congés, qui serviront ensuite à contrôler les sommes portées sur ces derniers registres.

2º Les charges et les décharges concernant les comptes des marchands en gros seront contrôlées par des bulletins détachés des acquits-à-caution, ainsi que par ceux du registre n 15, et le même contrôle sera aussi appliqué aux comptes des cabaretiers, de manière à assurer l'intégralité du droit de détail.

3º Les sommes consignées et inscrites aux souches des registres 11 et B (passe-debout) seront, de leur côté, contrôlées par les bulletins détachés de ces registres et par ceux des registres 15 et E.

4º Et enfin, les chargements de boissons circulant dans l'intérieur de la France, ou dans l'intérieur des villes sujettes aux droits d'entrée et d'octroi, seront contrôlés, les uns par les bulletins du *registre à souche* 6 *C*, et les autres par l'estampille qui sera apposée sur les fûts qui composeront ces derniers chargements.

En terminant, nous dirons que, préoccupé depuis longtemps des nombreuses prévarications, de leur rare et difficile répression, nous avons étudié avec soin le mécanisme des écritures; et cette étude nous a convaincu que, sans innovations sérieuses, sans aucun danger pour ce qui existe, il était possible d'améliorer les choses. Les bulletins de circulation actuellement en usage pour contrôler la perception des droits de circulation et de consommation nous ont d'abord inspiré l'idée de contrôler par un moyen semblable, mais autrement combiné, les produits spéciaux d'octroi; plus tard, celle de contrôler les produits de la Régie par les opérations mêmes des octrois.

Nous avions acquis un peu d'expérience dans l'administration des Contributions indirectes que nous avons eu l'honneur de servir pendant quinze années, et dans les rangs de laquelle nous étions encore en 1840, et nos sentiments de souvenir et de reconnaissance nous portaient naturellement à rechercher les moyens de couvrir à la fois d'un manteau de sécurité et ses propres recettes et les revenus d'octroi.

C'est le résultat de ces recherches que nous venons livrer à la Régie des contributions indirectes, dont les lumières éclairées sauront adopter ce qui paraîtra bon et utile, et rejeter ce qui sera jugé défectueux dans la pratique.

Nous ne briguons pas les honneurs d'une invention, nous n'avons pas non plus la prétention de faire prévaloir nos idées, mais nous avons voulu seulement les soumettre à la haute appréciation de l'Administration supérieure, comme témoignage de notre respect, de notre dévouement à ses intérêts et à ceux des communes placés sous sa surveillance.

www.ingramcontent.com/pod-product-compliance
Lightning Source LLC
Chambersburg PA
CBHW070816210326
41520CB00011B/1983